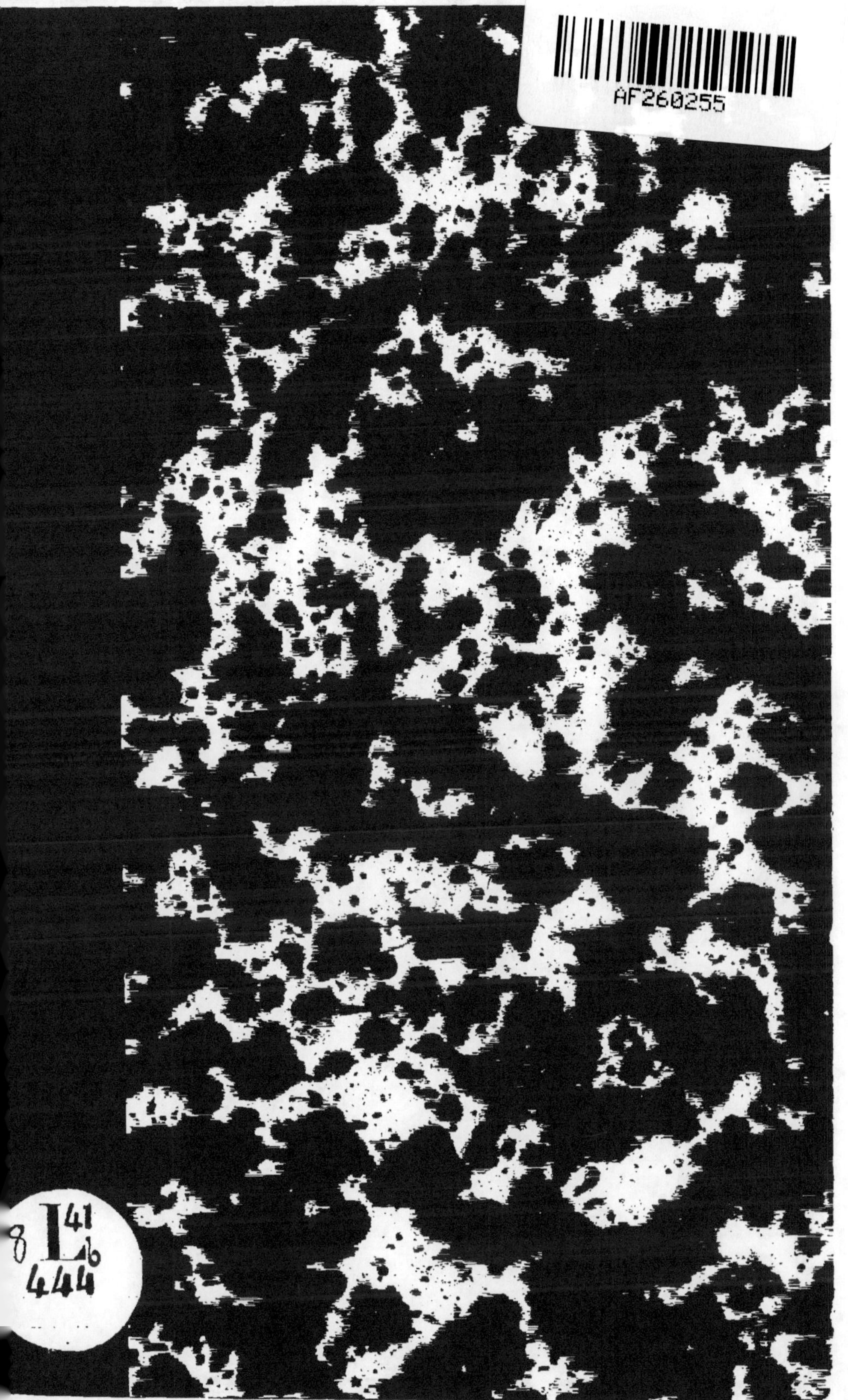

ORAISON FUNÈBRE

DE

LOUIS XVI.

LA VERTU GLORIFIÉE,

OU

LE TRIOMPHE APRES LA MORT;

DISCOURS

Prononcé, le 21 Janvier 1815, au Service funèbre et solennel

DE LOUIS XVI, ROI DE FRANCE,

Par Mr Pierre de Joux,

Président du Consistoire-Réuni de la Loire-Inférieure et de la Vendée, Membre de plusieurs Sociétés savantes, et de l'Académie Celtique, séante à Paris.

.... Manibus date LILIA plenis !
Purpureos spargam flores et fungar inani
Munere.......... VIRGILII *Æneidos*, lib. 6.

A NANTES,

DE L'IMPRIMERIE DE FOREST, PRÈS LA BOURSE.

1815.

La pierre que les Constructeurs de l'Édifice avoient rejettée, est devenue la principale pierre de l'Angle. — Ceci a été fait par l'Éternel.

Ps. CXVIII, ℣ 28 et 29.

LE Culte a commencé par le chant du Cantique CLXXXII, *SUR LA MORT*. Après la Prière, on a chanté le Cantique CLXXXVII, *SUR LA MORT DU JUSTE*; et, après le Sermon, ont été chantés les trois derniers versets du Cantique XLII, *SUR LA RÉSURRECTION*. Le Service funèbre a été terminé par des vœux pour Louis XVIII, pour la Famille Royale, pour l'Eglise et pour l'Etat.

PRIÈRE AVANT LE SERMON.

MONARQUE éternel ! toi devant qui tous les Trônes s'abaissent,...... soutiens ton foible serviteur prosterné dans la poussière devant ta suprême Majesté.

- Ce n'est qu'en tremblant, ô mon Dieu ! que ton Ministre, chargé de parler dans cette assemblée extraordinaire, entreprend de traiter le difficile sujet que lui prescrit cette douloureuse solennité. -- Un sceptre qui se brise; un trône englouti; le meilleur des Princes, environné de tous les rayons de gloire, expirant sur un honteux échafaud; Louis XVI échangeant, contre la couronne immortelle que lui ont tressée ses vertus, cette couronne périssable roulant, avec le front royal qui la portoit, sur la terre ensanglantée............ Quel pénible souvenir ! combien il pourroit fournir d'interprétations fâcheuses !

O qu'un rayon d'en-haut parvienne jusques à moi ! -- Source intarissable de l'ordre et de la lumière ! répands dans l'ame de mes Auditeurs cette douce clarté devant laquelle s'enfuient les vaines alarmes, les préjugés et les fausses opiuions ; cette clarté divine qui inspire à tous les cœurs ce calme, cette impartialité, cette géné- reuse indulgence, avant - coureurs des sentiments religieux que tu exiges de nous·

Dieu de paix, de justice et de misé- ricorde ! rallume dans tous les cœurs le feu divin de la piété, puisqu'une funeste expérience nous a convaincus que les hommes, qui parviennent infailliblement à être bons, justes et heureux, en obéis- sant à tes saintes lois, -- peuvent devenir des monstres, des êtres terribles, malfai- sants et misérables, toujours prêts à se haïr, à se déchirer, à se détruire mutuelle- ment, quand ils ne sont point entrelacés, d'une manière intime, dans les doux liens de ta morale céleste, -- ô réunis, par les nœuds sacrés de la Religion, les cœurs que des passions cruelles avoient divisés.

Fais que nous nous aimions les uns les autres, comme tu nous as aimés ! --- Et de cette terre, long-temps malheureuse, trop long-temps arrosée de nos pleurs, mais consolée par ta présence, monteront à toi nos bénédictions ! -- Et, sur toute l'étendue du Royaume, on n'entendra que les accens de la joie, qu'une voix de concorde et d'harmonie ; et l'on verra le Monarque et les sujets conspirer, à l'envi, à rendre à la France sa prospérité.

Nous te demandons cette grace, avec instances, au nom de JÉSUS - CHRIST, auquel, comme à toi, Père céleste, et au Saint-Esprit, soient honneur, louange et gloire, dès maintenant et à jamais.

Amen !

ORAISON FUNÈBRE

DE

LOUIS XVI,

ROI DE FRANCE.

TEXTE.

CRAIGNEZ l'Eternel, honorez le Monarque, et ne vous mêlez point avec les hommes d'un esprit inquiet, versatile, et remuant.

Proverbes, Ch. XXIV, ẙ 21.

EXORDE. *POURQUOI ces Hymnes mélancoliques; ces symboles de douleur, d'un regret inépuisable, et cet effrayant appareil

---

(*) Le Service funèbre a été fait, dans le Temple protestant, à six heures du soir ; l'Eglise étoit tendue de voiles de deuil, et éclairée de lampes funéraires ; le Cénotaphe de Louis étoit sur l'autel, au bas duquel se voyoient des hiéroglyphes sacrés et les armes de la France : il y avoit un concours nombreux d'auditeurs.

de la destruction ? Pourquoi ces voûtes sacrées, séjour du silence et des ténèbres à l'expiration du jour, reçoivent-elles, maintenant, les vacillantes clartés d'une pâle lumière ? --- C'est que la Religion met sur les tombeaux le cachet de l'immortalité; c'est qu'elle consacre le départ de l'homme vers les régions célestes; c'est, enfin, qu'à l'instant fatal, où la mort étend ses voiles lugubres, pour orner le triomphe qu'elle a remporté sur l'espèce humaine; pour rendre plus pompeux, plus magnifique le témoignage de notre néant: --- la Religion consolatrice proclame à haute voix sa conquête! *O Mort*, s'écrie-t-elle, *où est ton aiguillon? ô Sépulcre, où est ta prétendue victoire ? Graces immortelles soient rendues à Dieu, qui nous a rendus plus que vainqueurs en celui qui nous a aimés !*

JÉSUS-CHRIST est descendu dans la tombe, et le rayonnement de sa divinité l'a transformée en un temple de bonheur !

Une terreur religieuse s'empare de mon ame...... Je sens toutes les passions mourir dans mon cœur, et les riantes images du monde s'effacer de ma mémoire......

Puissance mystérieuse des monuments ! tout ce qui nous peint la fragilité de l'homme.... et son immortalité ;... tout ce qui nous retrace une perte irréparable fixe inévitablement notre attention : et, si le culte de larmes et de regrets que l'on rend aux morts, après de longues années, ne fait plus répandre ce torrent de pleurs qui coulèrent de nos yeux, lorsqu'arriva la séparation cruelle,..... il demande, du moins, le tribut passager d'un soupir ! et il nous reste , de cette imposante solennité , une impression profonde.

Mais que nous voulez-vous , dans le Temple de la Divinité , sombres images de mort , tentures funèbres, emblêmes de lamentations et de gémissements : tristes interprêtes !.... vous semblez nous annoncer un deuil universel ! Ah ! nous entendons votre muet langage ;..... vous venez nous inviter à jeter en arrière nos regards ; à méditer sur les causes du décès tragique, injuste et prématuré du meilleur des Princes ; à nous retracer ses vertus, la conspiration exécrable qui lui arracha la vie, et qui accumula sur nous d'inouies et d'innombrables cala- mités ! vous venez nous répéter ces paroles sacrées : « *Craignez l'Eternel,* » *et honorez le Monarque ; ne vous mêlez*

DIVISION.

» *point avec les gens d'un esprit inquiet,*
» *versatile et remuant* ».

Telles sont, en effet, mes chers Auditeurs, telles sont les vérités importantes que prêche à tous les esprits ce grand acte religieux : et c'est tout le plan que je me propose.

Mais, avant de traiter ce difficile sujet, pour qu'aucune de mes paroles ne vous offense, pour ne point donner lieu à de sinistres interprétations, il est quelques doutes, quelques questions que je dois préalablement aborder, et auxquelles je répondrai avec franchise.

ARTIE.
uestion. « Quoiqu'il se soit écoulé vingt-deux » ans depuis l'affreuse catastrophe que » nous déplorons, cette cérémonie funè- » bre étoit-elle nécessaire pour la retracer

» à notre mémoire ? --- Non ! jamais ce fu-
» neste événement ne seroit, pour nous,
» tombé dans l'oubli, dira-t-on, peut-
» être; et nous n'avions pas besoin de mé-
» morial, pour rappeler à notre esprit les
» vertus de Louis XVI, tant de bienfaits,
» tant d'innocence et tant de malheurs !
» Cette mort injuste et déplorable, source
» unique des incalculables fléaux qui
» ont frappé les Français, nous-mêmes,
» et l'Europe entière, a imprimé dans
» nos cœurs un long et douloureux sou-
» venir,...... un souvenir qui durera au-
» tant que notre vie ! »

Mais, répondrai-je, mais la génération
qui s'élève sous nos yeux, mais celles qui
sont à naître,.... ne leur devons-nous pas
de grandes instructions, pour prévenir
les maux que l'inexpérience, une aveugle
présomption, le crime et l'erreur ont atti-

rés sur nous ?... Avant, donc, que ces événements désastreux et formidables soient
abîmés dans la nuit des siècles, il faut
qu'un anniversaire national, consacré par
l'Autorité suprême et par les prières de
l'Eglise, les rappelle à nos enfans qui en
instruiront après nous leurs fils et leurs
filles, et les feront transmettre à nos arriè-
re-neveux... Et il arrivera, dans la suite
des âges, ô Français, lorsqu'un de vos
descendants interrogera l'auteur de sa
vie, et lui dira : « Que veulent dire
» ces signes de deuil ? Pourquoi ces
» chants plaintifs, ces hymnes funèbres ?
» Pourquoi le Royaume entier se couvre-
» t-il périodiquement de ces emblêmes
» de mort ? »

Alors le père attendri, versant des
larmes réparatrices, déroulera aux regards de son enfant cette page san-

glante de notre histoire,...... et il ajou-
tera : « O mon fils, mon fils, si tu veux
» que tes jours soient prolongés sur la
» terre, *crains l'Eternel et honore le*
» *Monarque ; ne te mêle point avec*
» *les gens d'un esprit inquiet, versatile*
» *et remuant.* »

2.e Question. Cette cérémonie funéraire, demande-
ront encore des hommes pieux, ceux
qu'intéressent sur-tout les pleurs de la
pénitence et les remords qui ramènent
le coupable à la vertu, ce mémorable
anniversaire est-il une expiation ?... Non,
leur répondrai-je, non ! ce service lugu-
bre ne peut être expiatoire ;..... il est es-
sentiellement destiné à signaler nos
douleurs et nos regrets ; à donner à la
nation entière,.... à léguer à la postérité
une importante leçon, dont l'ignorance
entraîneroit encore une fois la ruine
de la France.

Hélas ! ajouterai-je avec effroi, hélas !
il n'est que trop vrai, il est des forfaits
qui sont *INEXPIABLES* ,…….. ou plutôt,
plutôt !' que le sang du Fils de Dieu,
répandu pour la rédemption des criminels qui se convertissent ,……. peut seul
expier !

et 4.e
stions. Il est, enfin, des auditeurs à qui déplai-
sent les panégyriques, les éloges, même,
les plus mérités; tandis que d'autres per-
sonnes d'un caractère trop circonspect,
soupçonneux, timide, cherchent, dans un
discours tel que celui-ci, des sujets de
mécontentement, d'ombrage et d'irrita-
tion ; craignent toujours que la vérité
n'offense, ne blesse les hommes ou les
opinions.

Aux uns et aux autres je répondrai :
Ce que je vais rapporter de Louis XVI, il
n'est aucun de vous, il n'est personne, en

2

France et dans l'Europe, qui ne le pense et qui n'ose le dire.

Que, dans les affaires de parti, au milieu des passions discordantes, un orateur, quelque désintéressé qu'il soit, se prononce pour l'éloge ; applaudi avec chaleur par ceux-ci, il sera vu par ceux-là sous une face équivoque,... ou comme un lâche, ou comme un flatteur.

Mais ce que je viens témoigner du plus infortuné de tous les Monarques, vous le savez, vous-mêmes, aussi bien que moi.... Mais il n'est plus de parti en France...... Mais il n'est plus sur la mort à jamais déplorable de Louis, sur ses causes reculées et prochaines, sur leurs affreux résultats, qu'une seule opinion -- qui est universelle.

Je viens vous dire : Louis étoit bon, sage et vertueux : certes, c'est un éloge bien froid dans ma bouche! -- Louis aimoit le bien, il chérissoit son peuple, il ne cherchoit qu'à le rendre heureux; il auroit dû vivre assez pour en recevoir l'hommage! ---- Mais, comme le Sauveur du genre humain, il souffrit, lui juste pour des injustes, et fut condamné quoique innocent!.... mais, indignement outragé par une populace ignorante, fanatique et mercenaire, Louis tomba sous le fer parricide de ceux auxquels il apportoit le bonheur!

Tels sont les faits, telles sont aussi les vertus morales, dont ce discours doit offrir les détails.

Je ne viens, donc, point pour faire un panégyrique. --Et (je t'en atteste, ô mon Dieu! toi qui lis dans ma pensée), je viens, encore moins, pour blesser qui que ce soit, ou pour rendre odieuse la mémoire d'aucun homme!

D'ailleurs, de tous ceux qui condam-
nèrent à mort le Roi des Français, la
plupart, ainsi que lui, sont descendus
dans la tombe ;... et parmi ceux qui leur
ont survécu, il n'en est point qui n'aient
abjuré leur erreur coupable! Il n'en est aucun qui ne voulût avoir repoussé du corps
de son Roi le glaive assassin ! -- Il en est
même, qui, par leur vaillance, par des
services publics, par des bienfaits si-
gnalés envers la France et envers les
familles fugitives, ont prouvé qu'ils é-
toient nés vertueux ; que leur cœur étoit
noble, et ne fut point fait pour le remords!.... que le funeste esprit de systè-
mes, que l'ivresse des factions, que des
passions ardentes, et (le dirai-je, enfin),
je ne sais quelle réunion inexplicable de
circonstances fatales et jusqu'alors incon-
nues -- avoient seuls causé leur égarement.

O s'ils pouvoient recommencer la

vie !...... Comme ils détestent leurs illu-
sions ! comme la tristesse et le repentir
ont flétri leurs jouissances ! combien ils
sont malheureux ! -- Qui pourroit cher-
cher à accroître la peine qu'ils endurent ?
-- Il y a des miséricordes infinies dans
le Ciel :...... n'y en auroit-il point chez
les hommes ; chez ceux-là , sur-tout, qui
sont les envoyés d'un Dieu de charité ?

L'auguste et innocente Victime, avant
de pencher sa tète sous le glaive de la
mort, exprima le souhait sincère et ar-
dent que son trépas, accéléré par une politique barbare, fût salutaire à la France !
Louis a pardonné! Remplissons le dernier
vœu de ce Prince magnanime ; et cher-
chons à puiser de ce grand mémorial les
instructions morales que nous présente
mon texte : apprenons à nos enfans à
craindre l'Éternel, à honorer le Monarque;

*à ne point nous mêler avec les novateurs ;
avec les hommes inquiets, turbulents et
versatiles.*

Pour cet effet, laissant à l'écart toutes
les causes occasionnelles ou particulières
de l'événement horrible que nous déplorons, et du déluge de maux qu'il a versés
sur la France, considérons ce sujet d'une
profonde méditation, sous un point de
vue plus élevé ; et nous ne tarderons pas
à reconnoître que c'est au desir forcené de
détruire le Christianisme, à l'abjuration
des principes de la Foi, à l'inconcevable
oubli de ces rapports éternels qui exis-
tent entre la Morale et la Politique, que
nous devons attribuer la subversion to-
tale des lois et des mœurs , la chûte
simultanée de l'Autel et du Trône qui
soutenoient seuls l'édifice social.

 LA divine Religion , quelque temps
délaissée , ayant repris dans le monde
le rang qui lui appartient ; et les hommes
téméraires qui s'étoient éloignés des su-
blimes leçons émanées de la Sagesse éternelle, y étant revenus , je l'espère , pour
ne plus s'en séparer ; il m'est bien doux
de dire, dans cette chaire chrétienne,
qu'instruits à l'école sévère du malheur, tous les co-Etats de la République
européenne , tous les Français éclairés
et vertueux posent, pour la base unique
de toute sage législation , ce GRAND PRIN-
CIPE , seul assis sur la nature invincible
des choses , seul conforme à la constitu-
tion du cœur humain , savoir : *que toute
puissance émane de Dieu ;* que c'est à
lui seul que doivent se rattacher toutes
les pensées législatrices ; -- qu'on bâtiroit
plutôt une ville sans soleil, une cité dans
les nues , que d'établir un gouvernement,

que de fonder une société quelconque
sans Religion, sans culte et sans Divinité !

Causes reculées
de la mort de
Louis XVI.

Des hommes infidèles, néanmoins,
éblouis de leurs conceptions brillantes et
mensongères, aveuglés par une insatiable
ambition, égale à leur avarice ; orgueil-
leux d'une réputation qu'ils usurpoient,
entreprirent de secouer toute dépendance
de l'Etre suprême, de tuer l'espérance
dans les cœurs, de ravir à notre esprit sa
lumière ; d'ôter tout asile à la vertu, à
notre ame son origine céleste et son immortalité ; ils voulurent faire de l'homme
un simple jet du hasard, une machine
organique, obéissant aux lois d'une fatale nécessité ! -- ils avouèrent, enfin, le
projet sacrilège de détrôner la Divinité,
et de donner à la France une Constitu-
tion athéistique.

Au lieu de débuter par la déclaration
des droits de Dieu, et (par conséquent)

de l'obéissance qui lui est due, et (par conséquent) de nos devoirs, ils commencèrent leur stérile travail par la déclaration des droits de l'homme ! -- Au lieu de dire au peuple Français: « La morale » que Dieu t'a donnée, sera ta seule loi; » ces législateurs imprudents lui dirent : « La loi que nous te donnons, sera ta » seule morale !!! »

Quel fut le résultat de ce système insensé? Leurs lois qui n'étoient point assises sur un fondement raisonnable et naturel, se multiplièrent sans mesure ; et, avec elles s'accrut le malheur ! -- Le peuple qui ne put reconnoître, dans les constitutions imparfaites qui lui furent présentées, le signe auguste de la Divinité, le peuple eut à peine adopté ces législations déréglées, complices de ses désordres, qu'il ne connut plus aucun genre de frein; que la révolte et l'immoralité étendirent, chaque jour, leurs infernales conquêtes ; qu'un relâchement universel prépara l'entière dissolution du Corps social !

Ajoutons que des novateurs, que l'on dit avoir tenu une conduite pure, avoir été respectables par la droiture de leurs intentions, mais séduits par les rêves d'une prétendue philosophie, mais aspirant à une perfection sociale inaccessible ici-bas, achevèrent de tout perdre, en proposant au public le plan visionnaire d'un Gouvernement purement idéal, impossible sur la terre ; tandis que les méchans, qui se servoient de ces hommes honnêtes, mais incapables de rien créer, fouloient aux pieds, pour parvenir à leurs fins coupables, toutes les lois de la vérité, de la justice et de la raison.

L'on se priva de toute liberté, pour

devenir plus libre ! Au lieu de ces prudentes gradations dont se compose l'ordre social, on promulgua une égalité chimérique; mais, ne pouvant atteindre l'absolue égalité, l'on se borna à subvertir l'ancien ordre; et ceux qui occupoient naguère le dernier rang, s'assirent au premier! -- Comme pour prouver, enfin, qu'il n'est aucun genre de délire auquel ne puissent se livrer les hommes qui renoncent aux dogmes consolateurs de la Foi (par le plus étrange renoncement à soi-même, à tout ce que le Dieu créateur nous a commandé de chérir le plus, notre patrie, notre prochain, nos familles), -- le bonheur et la conservation des hommes du temps présent furent sacrifiés aux prétendus intérêts des races futures !

Aussi, que de plaies mortelles n'ont point été faites à l'humanité, dans ces jours de désolation ! On auroit dit que la vérité et que la vertu avoient quitté la terre... L'attachement aveugle à tel parti, à telle opinion, renversoit toutes les idées immuables du juste et de l'injuste ;..... il n'est pas jusqu'à la réputation, à la bonne renommée, à l'estime publique qui n'eussent changé de poids, de balance et de tarif. -- Les uns n'osoient plus passer pour vertueux et honnètes ; les autres affectoient d'avoir renoncé à toute pudeur, à tout principe de justice et de moralité.... D'un côté, l'appas offert de rétributions iniques, -- de l'autre, la crainte des prisons et de la mort retenoient la vérité captive, fermoient les cœurs à la compassion, et ne tendoient à rien moins qu'à effacer de toutes les ames l'image auguste de la Divinité.

C'est ainsi que la ténébreuse conjuration

d'un petit nombre d'hommes desquels la
presque totalité a déjà comparu devant le
tribunal de l'Etre suprême dont ils vouloient ébranler le trône éternel, offre ,
et dans le projet impie qu'ils conçurent,
et dans les criminels moyens qu'ils em-
ployèrent pour le réaliser , les causes
reculées et prochaines du régicide inhu-
main que toute l'Europe pleure !

Oui, c'est à la triple conspiration formée
contre Dieu , contre le Père du peuple,
et contre les Lois , qu'il faut essentielle-
ment attribuer cette catastrophe douloureuse , source de dévastations , de
larmes et de forfaits.

En effet , le plus honnète homme de
la France, un Prince éminemment bon ,
qui offroit dans sa Cour , un modèle
exemplaire de sagesse, d'ordre et d'amour
du bien public ; un Roi doué d'une ame

élevée, d'un sens droit, le plus parfait
des Monarques, en un mot, s'il eût été
sévère, s'il eût su punir, Louis XVI
restoit seul debout, environné de ruines:
privé des Ministres habiles et vertueux
qu'on avoit éloignés, seul il ne craignit
point de faire tête à l'orage ; et son
caractère religieux, sa patience inal-
térable, sa magnanime bonté sembloient
dire : « Ainsi que moi , *craignez l'Eter-*
» *nel, aimez le monarque qui vous aime;*
» *ne vous mêlez point avec les gens*
» *d'un esprit inquiet, versatile, adonné*
» *au changement.* »

Mais les ennemis de Dieu vouloient
détruire son culte : Louis XVI se tenoit
entre eux et la Divinité ; il étoit sur leur
passage !.... ils résolurent, donc, de le
retrancher. ---- Telle est la période
lamentable, qui me reste à parcourir.

 Il est bien peu de couronnes, je le
crois, qui, semblables à celle du Ré-
dempteur, ne soient entrelacées d'épi-
nes !........ et l'infortuné Louis ne l'a que
trop éprouvé !

Tel est le sort des Monarques (nous
dit le plus judicieux des annalistes la-
tins), les choses heureuses qui arrivent
sous leur règne ,...... la prospérité, les
victoires et la paix , -- chacun se les
attribue : -- tandis que les événements
malheureux, les défaites, les fléaux publics et les revers de fortune sont ex-
clusivement attribués au Dominateur !

Telle fut aussi la destinée pénible de
Louis XVI. Les conspirateurs, habiles à
toutes sortes d'outrages, tentèrent de le
rendre suspect aux Français; de ternir
sa belle et irréprochable vie, par les
plus absurdes accusations :..... la guerre,

qu'ils s'étoient eux-mêmes fait déclarer, ils l'en accusèrent :... tous les fléaux qu'ils faisoient tomber sur le peuple par leurs complots scélérats , ils osèrent calomnieusement l'en proclamer l'auteur !......

-- Ils précipitèrent ainsi l'époque désastreuse, où, sous le poignard des factieux, les Députés des Provinces se virent contraints à sommer leur Monarque de rendre compte devant leur tribunal sans autorité, à prononcer la sentence inique ;.... où des sujets, en un mot, jugèrent leur Souverain !

Calomnieuses imputations faites à Louis.

Ici, que chercherai-je à peindre davantage , quand tout , dans ce Prince vertueux , excite à-la-fois l'atendrissement et l'admiration ? Sera-ce cette patience angélique que ne peuvent lasser les plus sanglans outrages ? sera-ce la sérénité avec laquelle il apprend le comble

Son innocence, son inculpabilité , ses vertus héroïques.

comble des rigueurs? où sera-ce, encore, la constance héroïque, l'intrépide fermeté, et la grandeur d'ame qu'il déploie, en s'approchant du terme de ses souffrances? -- dirai-je, enfin, le rayonnant espoir avec lequel il voit s'ouvrir à son ame les portes des Cieux? -- et pourrai-je, jamais, vous représenter dignemen tce moment sublime où le Monarque chrétien qui avoit vu, sans frémir, tomber en éclats les colonnes de son trône, défaillir ses grandeurs, et périr l'héritage de dix siècles, élève ses regards vers le Ciel; -- les rabaisse, sans foiblesse, sur l'autel ignominieux où il doit être immolé en sacrifice par des malfaiteurs!

Mais l'heure fatale arrive...... Dieu va retirer dans son sein le Juste persécuté;.... le Ministre de la Religion s'écrie: *FILS DE SAINT LOUIS, MONTEZ AU CIEL.....*

Me trompé-je ?.... Grand Dieu !.... des Intelligences célestes, dans ce redoutable instant, paroissent descendre des demeures éternelles, pour accueillir le pieux et magnanime Héros s'élevant de son calvaire dans les lieux très-saints ! -- Ces Esprits bienheureux s'empressent, à l'envi, d'orner son triomphe ;........ ils viennent ceindre son front d'un diadème sacré, le revêtir d'une robe de lumière, et placer dans sa main la palme des vainqueurs ! --- Je crois les entendre, dans leurs chœurs harmoniques, dire au Fils de Saint Louis :

Voyez s'ouvrir pour vous le Temple de la gloire.....
Entrez dans le séjour de l'immortalité,
Où vous allez jouir des fruits de la victoire,
    Pendant toute l'éternité !

Cependant la terre affligée a perdu son plus bel ornement ! le sang d'un autre

Abel a humecté ses entrailles........ Tous
les hommes de bien sont consternés! le
crime a terrassé l'innocence ;......... le
combat glorieux de la vertu est achevé,
et Louis XVI a souffert le martyre........:

Ah! si, du moins, le Ciel avoit refusé
sa pure lumière à ce forfait abhorré! si
la nuit épouvantée l'avoit enseveli de
ses voiles de ténèbres, et que le silence
des tombeaux en eût dérobé la connois-
sance à toutes les nations;.... on pourroit
recommander aux témoins de cet acte
sanguinaire un secret éternel;......... on
pourroit leur adresser ces paroles du
Psalmiste, lorsqu'il eut appris qu'on
avoit mis à mort le Roi d'Israël : « Ah!
» répandez (s'écria-t-il), répandez
« vos larmes dans l'intérieur de vos
» demeures..... Non! non! *n'allez point*
» *redire dans Gath* qu'on a fait mourir,

3 *

» l'Oint de l'Éternel ! *Ne portez point*
» *jusqu'en Askélon* la nouvelle déplo-
» rable du triomphe des impies........ »
Ne dites point que ce fut au desir ef-
fréné de s'affranchir de toute domina-
tion ; de substituer la loi de l'homme
à la loi de Dieu, et la licence des mœurs
à la pureté de la vie , que l'on a sa-
crifié à-la-fois les Tribunaux , le
Trône et l'Autel ! *Ah! ne l'allez point*
redire dans Gath , de peur que nos
ennemis ne s'en rejouissent! N'en portez
point la nouvelle dans les places d'As-
kélon, de peur que vous ne soyez cause
que cette nation, hélas! si malheureuse,
ne soit en opprobre parmi les peuples
divers! -- Sur-tout, je vous en conjure,
au nom de l'humanité! au nom de cette
terre natale! *ne rapportez point dans*
Gath , ne redites point en Askélon que le
Père de la Patrie est tombé sous des coups

parricides !... de peur qu'un peuple puissant et généreux, avide de toutes les gloires et de toutes les vertus,..... mais, hélas ! long-temps, comme nous, déchiré par des guerres civiles, et qui nous a donné l'exemple d'un pareil forfait, mais bien moins inique, bien moins inexcusable dans ses circonstances, ne se voie, avec quelque consolation, surpassé, par la nation rivale, dans l'énormité d'un attentat que ce même peuple, revenu, depuis plus d'un siècle et demi, de son erreur coupable, et fidèle au repentir, déplore périodiquement, dans ses Temples, le trente Janvier (*).

(*) Rencontre frappante de circonstances presque similaires ! étranges rapprochement de faits, à un siècle et demi de distance, et chez deux peuples voisins ! — Le beau-fils d'Henri IV, l'émule de ses vertus, l'époux de l'aimable et infortunée Henriette de France, le plus loyal et, peut-être, le meilleur des Souverains qu'ait eus l'Angleterre,

Mais, non, non ! cet excès monstrueux d'ingratitude et d'inhumanité devoit effrayer la terre..... La nuit, ce tranquille refuge du malheur, ne prêta point son ombre silencieuse à ce meurtre détestable !.... et le soleil, dont il souilloit les rayons célestes, en révéla les circonstances atroces à tous les regards !

D'ailleurs, si doux, si débonnaire, si clément avoit été le naturel de cet excellent Prince ; son cœur étoit si pur, si juste et si généreux ; il avoit rempli sa tâche royale d'une manière si irréprochable ,....... que l'Ange de la pitié,

---

Charles Ier fut assassiné juridiquement, *dans sa Capitale,* à l'âge de *quarante-neuf ans,* par Cromwel et ses complices, *le 3o Janvier* 1649. — Et l'arrière-petit-fils d'Henri-le-Grand, le bienfaisant, l'héroïque Louis XVI atteignoit seulement *sa trente-neuvième année,* lorsqu'il tomba, *au sein de sa Capitale, le* 21 *Janvier* 1793, sous les coups de Robespierre et de ses adhérens.

frémissant à l'aspect de l'odieux parricide, en exposa le touchant et horrible
tableau devant tous les yeux, et fit répandre des torrents de larmes !

On entendit les Puissances propices
du Ciel redire à tout l'univers les der-
nières paroles de cette auguste victime :

« *Français, je meurs innocent,...... et*
» *je pardonne ! -- Je recommande à mon*
» *Fils, s'il avoit le malheur de devenir*
» *Roi,..... je lui recommande de songer*
» *qu'il se doit tout entier au bonheur de*
» *ses concitoyens: qu'il doit oublier toute*
» *haîne, tout ressentiment, nommément*
» *tout ce qui a rapport aux malheurs*
» *que j'éprouve ! -- Je prie tous ceux*
» *que je pourrais avoir offensés par in-*
» *advertance, (car, ajoute-t-il, en se*
» *parlant à lui , car je ne me rap-*
» *pelle pas d'avoir fait aucune offense*

» à personne,) *je les prie de me par-*
» *donner le mal qu'ils croient que je*
» *puis leur avoir fait. --* Je finis , *dit*
» *le Prince, en déclarant devant Dieu,*
» *devant qui je suis prêt à paroître, que*
» *je n'ai à me reprocher aucun des cri-*
» *mes qui ont été avancés contre moi.* »
--- Déclaration irrécusable ! *elle vaut*
plus, s'écrie un grand écrivain que j'aime
à citer, *elle vaut plus pour la cause du*
Monarque, que les discours de ses plus
éloquens défenseurs !

Voilà l'Homme,..... l'Homme par ex-
cellence que l'on a pu condamner !..... à
qui l'on a pu ignominieusement arracher
la vie !

Mais avec quelle sévérité, Ciel infle-
xible ! tu as su venger le trépas du Roi-
Martyr ! Quel jugement mille fois plus
terrible ne subirent point ici-bas ses

oppresseurs !..... La main toujours équi-
table de ta justice n'a-t-elle pas plongé,...
n'a-t-elle pas , sans relâche , retourné
dans leur sein le trait du désespoir ?....

« *Ah ! le tourment que j'endure , est*
» *plus grand que je ne puis supporter !* »
dit à l'Eternel le premier Parricide......
« Infortuné que je suis ! Quel affreux-
» supplice que le remords !... un remords
» qui dure toute la vie ! »

« Sçaretzéer ! qu'as-tu fait ? » dit une
voix secrète aux deux fils de Senna-
cherib, roi d'Assyrie, à qui ils venoient
de donner la mort; « et toi, Adrammé-
» leck, de quel sang tes mains sont-
» elles rougies ? --- Le sang de ton Sou-
» verain ! barbare ! le sang de ton Père !
» du Père de la Patrie !......, L'Océan
» entier pourra-t-il jamais laver ce sang

» et blanchir tes mains ? Où trouveras-
» tu un asyle impénétrable ?.... un asyle
» où le serpent du remords ne t'atteigne
» point !.... un asyle où tu ne voies point
» se présenter devant toi cette ombre
» sanglante ? »

Il est donc vrai que ce Dieu infiniment
saint, dont on a voulu nier la justice
et la puissance éternelles, se manifeste
encore à ses ennemis ! -- Il est donc vrai
qu'aucun être doué d'intelligence, de
liberté, de conscience et de raison, ne
peut se dérober aux regards du Monarque suprême, se soustraire impunément
à ses lois, ni sortir de son empire !

Déplorables conséquences de la mort de Louis XVI.

Encore, si le châtiment d'un crime
public n'atteignoit que ses indignes au-
teurs ! Mais, hélas ! que de générations

n'a-t-on point sacrifiées , en frappant le Chef de la nation ! mais que d'héca-tombes, que de victimes par milliers n'ont point été offertes pour calmer de légitimes craintes ! le sang des Français n'a-t-il pas été répandu comme de l'eau ?

Dès qu'on se fut aguerri au meurtre ; du moment que, sans compassion, l'on eut immolé la noble Victime, dès lors aucun sacrifice n'a coûté....... La fureur destructive a parcouru les provinces ; et l'on a vu ses farouches agens se répandre jusques dans cette Cité paisible, criant : Carnage ! carnage !

La voilà, donc, la voilà la cause,..... ô mon ame, sois dans la consternation ! la voilà la cause fatale des vices, des forfaits, des horreurs sans nombre qui ont désolé la France !.... Dès qu'elle n'a plus eu de Souverain, le crime a régné sur elle!.... et, de ses vastes tombeaux, de ses masures fumantes, sort, encore à cette heure, un invisible Pouvoir, une voix menaçante qui nous crie : *Craignez l'Eternel et honorez le Monarque ! ne vous mêlez point avec les hommes d'un esprit inquiet et versatile, adonnés au changement.*

Jettez, je vous en supplie, mes chers Auditeurs, jettez, encore un seul instant, vos regards en arrière :.... contemplez, rapidement, les maux affreux que la mort de l'Oint de l'Eternel nous a faits..... Ici, ce sont des familles inconsolables ; là, des prisons remplies des martyrs de la vertu !... Ailleurs, entendez le fils accuser son père ; et, plus loin, un père dénaturé qui dénonce son enfant, qui trahit la compagne de sa vie !... Partout, voyez le mensonge encouragé,

la calomnie récompensée, la noire tra-
hison achetée au prix de l'or!

Cités embrasées ! riches habitations
converties en un désert ! villes de l'Europe peuplées des fugitifs de la France !
échafauds permanents ! supplices de l'en-
fance, de la vieillesse et d'un sexe sans
défense !...... ah! parlez pour moi ,.......
prêtez-moi votre éloquent langage ;.....
venez déposer contre l'irréligion, contre
l'infidélité envers son Dieu et son Prince ;...... déposez contre l'insatiable cupi-
dité, contre la luxure hideuse, contre
l'homicide ambition !..... déposez contre
ces passions avilissantes et cruelles, qui
ont fait révolter l'homme contre son
Dieu, qui lui ont fait attaquer jusqu'à
l'existence de l'Etre suprême ; qui l'ont
porté à nier toute différence entre le bien
et le mal, entre le juste et l'injuste ; qui

l'ont, enfin, aidé à briser tous les liens ; à rompre impitoyablement toutes les barrières qui arrêtent l'homme vicieux, qui retiennent le crime et la perversité dans leur marche audacieuse, et qui protègent l'ordre social !

———

PRIÉRE. GRACES infinies te soient rendues, ô mon Dieu ! de ce que tu as appaisé l'horrible tempête :....... tu as tancé les vents et les flots, tu as gourmandé la mer courroucée, et elle a obéi à ta voix ; et les vagues soulevées des passions sont venues blanchir contre ton éternelle puissance ;... tu nous as rendu l'éclat et la sérénité d'un beau jour, et il s'est fait un grand calme !

Qui ne te craindroit, ô Roi des nations, car cela t'appartient ! Qui ne s'é-

crieroit avec le Prophète : *Craignez l'E-
ternel, et honorez le Monarque ; ne vous
mêlez point avec les novateurs, avec les
hommes d'un esprit inquiet, versatile et
remuant.*

O donne-nous de te craindre, ô mon
Dieu ! et nous n'aurons jamais d'autre
crainte ;.... ouvre nos yeux sur les biens
inappréciables de la paix !....

Fais-nous reconnoître qu'il n'est rien
d'accompli sur cette terre ; et que, quelques justes griefs qu'il puisse exister jamais contre un Gouvernement ,...... une
administration imparfaite est toujours
infiniment préférable à la violence, à
l'insubordination, à l'anarchie !

Fais-nous sentir qu'il est toujours plus
d'un moyen légal de redresser les torts
d'une nation ; et qu'elle ne sauroit trop

se garder, en tout état de cause, de sa-
crifier, au desir du changement, la concorde, le repos et le bonheur!

Fais-nous, enfin, recueillir le fruit
d'une triste expérience, et demeurer
convaincus qu'en changeant de Maître,
le peuple inconstant, léger et crédule,
prompt à se flatter, à espérer un meilleur ordre de choses, gagne rarement à
l'échange qu'il a fait.

Mets, sans cesse, sous nos yeux, et la
noblesse de notre origine, et le but infiniment sage et paternel que tu t'es
proposé, en nous plaçant dans un monde
d'épreuves, dans cette vallée de larmes
et de douleurs, savoir, de nous qualifier
pour le ciel, pour cette terre fortunée
qu'habitera la justice; pour cette incor-
ruptible et bienheureuse région, dont
la vertu généreuse, la résignation, les

bonnes œuvres, le repentir et la charité,
la Religion pure et sans tache -- pourront
seuls nous ouvrir le difficile accès, et
nous obtenir les félicités éternelles.

Ainsi soit - il !

LETTRE

DE Monsieur le Conseiller d'Etat, Administrateur général des affaires concernant les Cultes,

ADRESSÉE à Monsieur le Président de l'Eglise Consistoriale de la Loire-Inférieure et de la Vendée.

Paris, le 10 Janvier 1815.

MONSIEUR LE PRÉSIDENT,

IL est dans l'intention de SA MAJESTÉ qu'il soit fait, le 21 du présent mois de Janvier, un SERVICE FUNÈBRE dans

toutes les Eglises de votre Arrondisse-
ment. Le motif de cette Cérémonie n'a
pas besoin d'être expliqué.

*Le Conseiller d'Etat, Adminis-
trateur général,*

Jourdan.

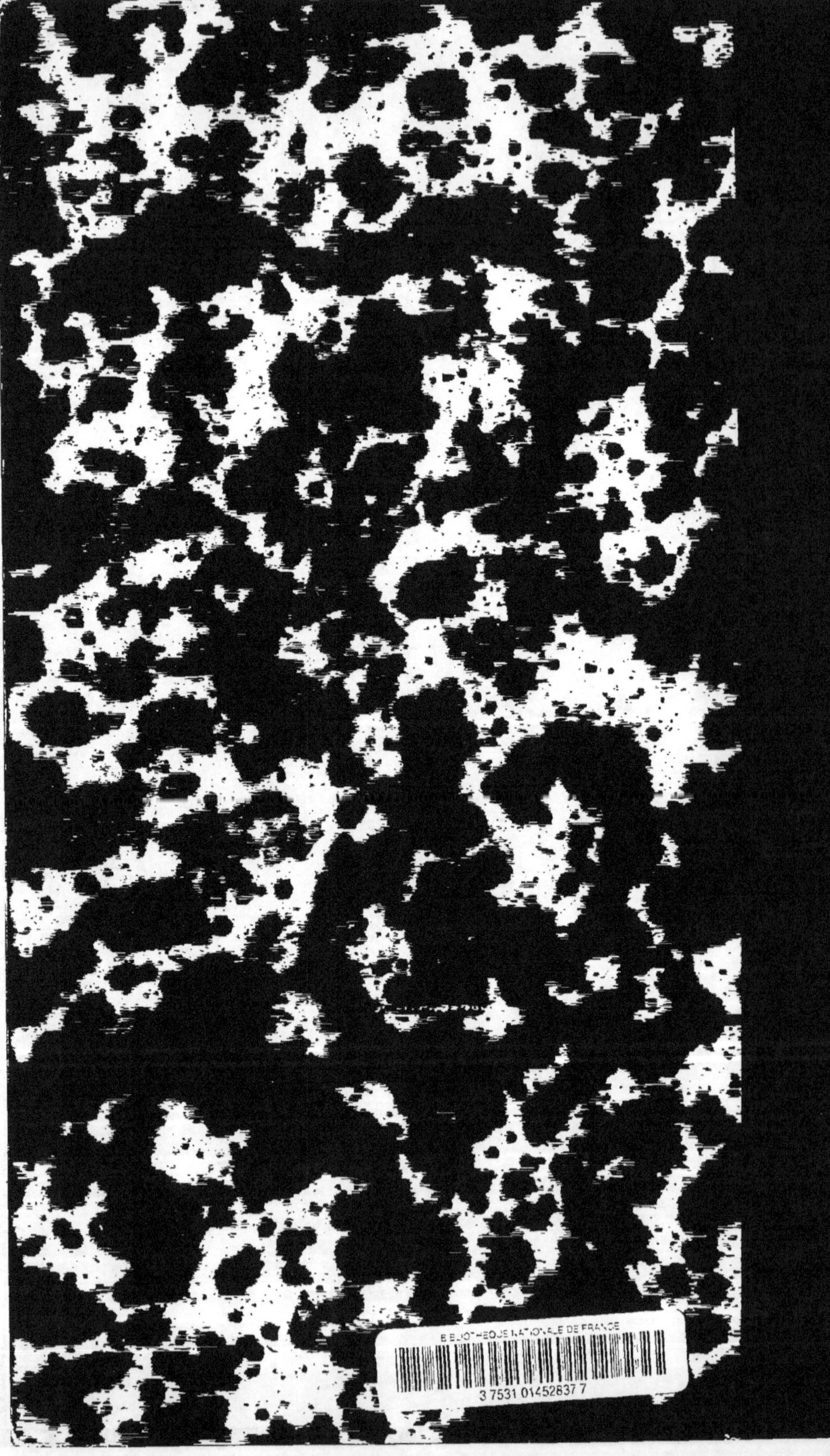

www.ingramcontent.com/pod-product-compliance
Lightning Source LLC
Chambersburg PA
CBHW061224030726

47595CB00004B/1369